Novena

SAN IGNACIO DE LOYOLA

Por Laila Pita

© Calli Casa Editorial, 2012
Yhacar Trust, 2021

❖

www.solonovenas.com
#2500-815

───────

CORAZÓN
RENOVADO

UN POCO DE HISTORIA

San Ignacio de Loyola, cuyo verdadero nombre fue: Íñigo López de Recalde. Por tradición familiar se dedicó a las armas. En una de las batallas, en defensa de Pamplona contra los franceses, calló gravemente herido. En el tiempo de su recuperación, se dedicó a la lectura de libros piadosos. Esto cambió por completo la ruta de su vida, consagrándose a la religión. Se retiró a Montserrat y Manresa a hacer penitencia, donde elaboró el método ascético de los Ejércitos espirituales. Fue peregrino en los Santos Lugares de Palestina. A los 33 años de edad estudió en España, en las universidades de Alcalá de Herrares, Salamanca y París. El método se difundió y a él se le acusó de sospechoso de heterodoxia, de los "Alumbrados" ó seguidores de Erasmo. En castigo se le prohibió predicar. En París se graduó como maestro en Artes. Más tarde reunió a seis compañeros que aceptaron sus ideas, haciendo votos de pobreza y apostolado en la Cueva de Montmartre. El Papa Pablo III los ordenó sacerdotes. Cuidaron enfermos y dedicaron tiempo a la enseñanza. La Compañía de Jesús fue aprobada por el Papa. Ignacio de Loyola fue elegido primer General. Alcanzó a ver la expansión de la Compañía por Europa y América, antes de su muerte. Fue canonizado en 1622 por Clemente XV.

MILAGRO

El templo de los Jesuitas era frecuentado por mujeres piadosas. Un poco después de la muerte de San Ignacio de Loyola, una de estas mujeres se vio agobiada por que su hija se enfermó. La mujer desesperada probó todo tipo de remedios sin obtener resultado. Creyó firmemente en que si la niña tocaba el cuerpo del San Ignacio de Loyola sanaría. Acudió a suplicar que la dejaran acercarse a él, pero esto no era posible. Al verla tan angustiada los monjes que guardaban el lugar donde se encontraba el cuerpo del santo, accedieron a darle una prenda usada por él. La madre regresó y puso la prenda en la garganta de la pequeña que sanó al instante.

ORACIÓN DIARIA

Ｓan Ignacio de Loyola tus armas cambiaste y el camino de la predicación tomaste. Usa tus divinas artes para ayudarme. Tu poder es grande y sé que vendrás a encontrarme. Con tu caridad a los enfermos aliviaste y a los ignorantes la religión enseñaste, por eso he venido a orar y ante ti hincarme, sabiendo que de todo mal vas a sanarme. Santo Señor tus culpas expiaste y por todos te sacrificaste. Te ofrendo esta novena para rogarte vengas a auxiliarme, mis errores puedas perdonarme.

HAGA SU PETICIÓN

Aquí estoy hincado a tus pies. Con la luz de tus quinqués que no tienen comparación alumbra a este humilde feligrés que viene a hacerte esta petición.

Te ruego con todo mi corazón me concedas... (se hace la petición)

Esto es un asunto de interés te suplico tu atención me des. Concédeme lo que te pido en esta ocasión y con tu divina protección me ayudes, para que seas tú siempre mi salvación.

Padre Nuestro, que estás en el cielo, santificado sea tu nombre; venga a nosotros tu reino; hágase tu voluntad, en la tierra como en el cielo. Danos hoy nuestro pan de cada día; perdona nuestras ofensas, como también nosotros perdonamos a los que nos

ofenden; no nos dejes caer en la tentación, y líbranos del mal. Amén.

Dios te salve, María, llena eres de gracia, el Señor es contigo. Bendita tú eres entre todas las mujeres, y bendito es el fruto de tu vientre: Jesús. Santa María, Madre de Dios, ruega por nosotros, pecadores, ahora y en la hora de nuestra muerte. Amén.

Gloria al Padre, al Hijo y al Espíritu Santo. Como era en el principio, ahora y siempre, por los siglos de los siglos. Amén.

DÍA PRIMERO

Las armas te atreviste a cambiar, para poder a los humanos salvar. Por donde pisas en vez de ortigas las flores crecen. Con tu enseñanza se acaba el cuerpo, pero las almas nunca envejecen. Hoy he venido ante ti para implorar, de una enfermedad que me aqueja hagas sanar. Tus milagrosos remedios por donde quiera florecen y nunca más los males aparecen. Con fervor y plena convicción te vengo a orar. San Ignacio de Loyola por siempre te voy a adorar, tus obras a todos enternecen.

Padre Nuestro, que estás en el cielo, santificado sea tu nombre; venga a nosotros tu reino; hágase tu voluntad, en la tierra como en el cielo. Danos hoy nuestro pan de cada día; perdona nuestras ofensas, como también nosotros perdonamos a los que nos

ofenden; no nos dejes caer en la tentación, y líbranos del mal. Amén.

Dios te salve, María, llena eres de gracia, el Señor es contigo. Bendita tú eres entre todas las mujeres, y bendito es el fruto de tu vientre: Jesús. Santa María, Madre de Dios, ruega por nosotros, pecadores, ahora y en la hora de nuestra muerte. Amén.

Gloria al Padre, al Hijo y al Espíritu Santo. Como era en el principio, ahora y siempre, por los siglos de los siglos. Amén.

DÍA SEGUNDO

De la Compañía de Jesús fuiste fundador y de los hombres gran conocedor. Predicar la Santa enseñanza se te prohibió, la enfermedad con tu cuerpo acabó. Pero tu espíritu en los corazones fue triunfador. Vengo a implorarte me des tu consejo consolador. A mi existencia un gran problema llegó, la tristeza a mi espíritu invadió. Vengo a ti milagroso Señor de remedio sanador, para que seas tú mi salvador. Gran General un enorme poder se te dio, tu obra y grandeza en el mundo se conoció.

Padre Nuestro, que estás en el cielo, santificado sea tu nombre; venga a nosotros tu reino; hágase tu voluntad, en la tierra como en el cielo. Danos hoy nuestro pan de cada día; perdona nuestras ofensas, como también nosotros perdonamos a los que nos

ofenden; no nos dejes caer en la tentación, y líbranos del mal. Amén.

Dios te salve, María, llena eres de gracia, el Señor es contigo. Bendita tú eres entre todas las mujeres, y bendito es el fruto de tu vientre: Jesús. Santa María, Madre de Dios, ruega por nosotros, pecadores, ahora y en la hora de nuestra muerte. Amén.

Gloria al Padre, al Hijo y al Espíritu Santo. Como era en el principio, ahora y siempre, por los siglos de los siglos. Amén.

DÍA TERCERO

De ser heterodoxo fuiste acusado, pero nunca hiciste tu religión a un lado. Anduviste por el mundo enseñando tus Ejercicios espirituales, dar amor al prójimo y ayudar fueron tus rituales. Para que ilumines mi alma ante ti me he postrado. Tus bendiciones a muchos han llegado, sin tu dirección nuestras mentes vagan como espirales, con lágrimas que salpican silenciosas por los portales. Como ayudante de Dios el Papa te ha ordenado, para llevar su palabra a todo rincón olvidado, no me abandones Señor y cura mis males.

Padre Nuestro, que estás en el cielo, santificado sea tu nombre; venga a nosotros tu reino; hágase tu voluntad, en la tierra como en el cielo. Danos hoy nuestro pan de cada día; perdona nuestras ofensas,

12

como también nosotros perdonamos a los que nos ofenden; no nos dejes caer en la tentación, y líbranos del mal. Amén.

Dios te salve, María, llena eres de gracia, el Señor es contigo. Bendita tú eres entre todas las mujeres, y bendito es el fruto de tu vientre: Jesús. Santa María, Madre de Dios, ruega por nosotros, pecadores, ahora y en la hora de nuestra muerte. Amén.

Gloria al Padre, al Hijo y al Espíritu Santo. Como era en el principio, ahora y siempre, por los siglos de los siglos. Amén.

DÍA CUARTO

Todo aquél que ante ti se inclina, es porque sabe de tu ayuda divina. Con tus Ejercicios espirituales líbrame de problemas, cambiándolos por hermosos poemas. Retira de mí la cortina, que no me deja ver tu figura fina. Y en todas aquellas situaciones extremas, tú me auxilies para resolver los dilemas, porque cualquier extremo daña y lleva a la ruina y se clava en tu pecho como punzante espina. Sé que me darás tu enseñanza suprema, para retirarme de todo el que blasfema.

Padre Nuestro, que estás en el cielo, santificado sea tu nombre; venga a nosotros tu reino; hágase tu voluntad, en la tierra como en el cielo. Danos hoy nuestro pan de cada día; perdona nuestras ofensas, como también nosotros perdonamos a los que nos

ofenden; no nos dejes caer en la tentación, y líbranos del mal. Amén.

Dios te salve, María, llena eres de gracia, el Señor es contigo. Bendita tú eres entre todas las mujeres, y bendito es el fruto de tu vientre: Jesús. Santa María, Madre de Dios, ruega por nosotros, pecadores, ahora y en la hora de nuestra muerte. Amén.

Gloria al Padre, al Hijo y al Espíritu Santo. Como era en el principio, ahora y siempre, por los siglos de los siglos. Amén.

DÍA QUINTO

Tantos seres que por ti sanaron, la felicidad en su vida encontraron. Ven a liberar mi cuerpo de la enfermedad, para escapar de esta terrible oscuridad. Apiádate de mí Señor, mira mis ojos de lágrimas se llenaron y mis labios de sonrisas se vaciaron, ayúdame en este momento de necesidad. Rezo esta novena porque tengo la seguridad, que es verdad que nuestros caminos se encontraron. Santo bendito dame la claridad, que mi petición sea escuchada sin dificultad. San Ignacio de Loyola desde que te encontré mis temores desaparecieron.

Padre Nuestro, que estás en el cielo, santificado sea tu nombre; venga a nosotros tu reino; hágase tu voluntad, en la tierra como en el cielo. Danos hoy nuestro pan de cada día; perdona nuestras ofensas,

16

como también nosotros perdonamos a los que nos ofenden; no nos dejes caer en la tentación, y líbranos del mal. Amén.

Dios te salve, María, llena eres de gracia, el Señor es contigo. Bendita tú eres entre todas las mujeres, y bendito es el fruto de tu vientre: Jesús. Santa María, Madre de Dios, ruega por nosotros, pecadores, ahora y en la hora de nuestra muerte. Amén.

Gloria al Padre, al Hijo y al Espíritu Santo. Como era en el principio, ahora y siempre, por los siglos de los siglos. Amén.

DÍA SEXTO

Gran General de Ángeles tienes la facultad de llenar las almas de tranquilidad. Yo te pido Divina Gracia el remedio espiritual, que alivia a pobres y ricos por igual. Arranca de mi pecho esta ansiedad, que me ataca como salvaje animal. De ayudar a los oprimidos tienes voluntad y confío en que tu auxilio llega con velocidad. Esto ha cambiado mi forma de vivir habitual, me ha hecho dar un vuelco total. Ven a mí Señor y convierte mi deseo en realidad. Me arrodillo a besar tu mano Serena Majestad.

Padre Nuestro, que estás en el cielo, santificado sea tu nombre; venga a nosotros tu reino; hágase tu voluntad, en la tierra como en el cielo. Danos hoy nuestro pan de cada día; perdona nuestras ofensas, como también nosotros

18

perdonamos a los que nos ofenden; no nos dejes caer en la tentación, y líbranos del mal. Amén.

Dios te salve, María, llena eres de gracia, el Señor es contigo. Bendita tú eres entre todas las mujeres, y bendito es el fruto de tu vientre: Jesús. Santa María, Madre de Dios, ruega por nosotros, pecadores, ahora y en la hora de nuestra muerte. Amén.

Gloria al Padre, al Hijo y al Espíritu Santo. Como era en el principio, ahora y siempre, por los siglos de los siglos. Amén.

DÍA SÉPTIMO

San Ignacio de Loyola me inclino ante ti mi Gran Señor porque sé que a todos das tu inmenso amor. Por medio de esta novena que te vengo yo a ofrecer, te pido Bendito Santo que a mi familia protejas con tu divino poder. Y les des las armas que da tu gran saber. ¡Oh! Divino Santo ilumínalos con tu resplandor no dejes que su corazón se llene de rencor. Adorado San Ignacio con cariño te he venido a ver y volver a tu altar, yo siempre he de querer.

Padre Nuestro, que estás en el cielo, santificado sea tu nombre; venga a nosotros tu reino; hágase tu voluntad, en la tierra como en el cielo. Danos hoy nuestro pan de cada día; perdona nuestras ofensas, como también nosotros perdonamos a los que nos ofenden; no nos dejes caer en la tentación, y líbranos del mal. Amén.

Dios te salve, María, llena eres de gracia, el Señor es contigo. Bendita tú eres entre todas las mujeres, y bendito es el fruto de tu vientre: Jesús. Santa María, Madre de Dios, ruega por nosotros, pecadores, ahora y en la hora de nuestra muerte. Amén.

Gloria al Padre, al Hijo y al Espíritu Santo. Como era en el principio, ahora y siempre, por los siglos de los siglos. Amén.

DÍA OCTAVO

Seis te siguieron en la pobreza y en la predicación, pero cuando de ti supieron otros sintieron respeto y admiración. Espiritualidad milagrosa necesaria para el hombre. Vida feliz para el que invoque tu nombre. Por medio de esta novena como medio de comunicación, para hacerte saber que necesito de tu bendición. Con tus métodos espirituales liberes a mi niño de pasar hambre, con el aprendizaje mágico su alma esté limpia de cochambre. Apelo a tu Santa comprensión. Señor de grandeza espiritual los Ángeles por ti cantan dulce canción.

Padre Nuestro, que estás en el cielo, santificado sea tu nombre; venga a nosotros tu reino; hágase tu voluntad, en la tierra como en el cielo. Danos hoy nuestro pan de cada día;

perdona nuestras ofensas, como también nosotros perdonamos a los que nos ofenden; no nos dejes caer en la tentación, y líbranos del mal. Amén.

Dios te salve, María, llena eres de gracia, el Señor es contigo. Bendita tú eres entre todas las mujeres, y bendito es el fruto de tu vientre: Jesús. Santa María, Madre de Dios, ruega por nosotros, pecadores, ahora y en la hora de nuestra muerte. Amén.

Gloria al Padre, al Hijo y al Espíritu Santo. Como era en el principio, ahora y siempre, por los siglos de los siglos. Amén.

DÍA NOVENO

De día y de noche tu luz brilla y un grupo de fieles seguidores ante ti se arrodilla. Gracias a tu arte positiva, tranquilos han dormido. Viven fuertes y lozanos porque tu vino han bebido, mientras descanso y sueño estás junto a mí sentado en la orilla. Ahora que un miembro de mi familia enfermó no permitas que permanezca en la camilla, envía tu espíritu sanador para olvidar lo ocurrido. Amado Señor con tu sabiduría has contribuido. Consiente que mi enfermo vuelva a correr y saltar como ardilla.

Padre Nuestro, que estás en el cielo, santificado sea tu nombre; venga a nosotros tu reino; hágase tu voluntad, en la tierra como en el cielo. Danos hoy nuestro pan de cada día; perdona nuestras ofensas, como también nosotros

24

perdonamos a los que nos ofenden; no nos dejes caer en la tentación, y líbranos del mal. Amén.

Dios te salve, María, llena eres de gracia, el Señor es contigo. Bendita tú eres entre todas las mujeres, y bendito es el fruto de tu vientre: Jesús. Santa María, Madre de Dios, ruega por nosotros, pecadores, ahora y en la hora de nuestra muerte. Amén.

Gloria al Padre, al Hijo y al Espíritu Santo. Como era en el principio, ahora y siempre, por los siglos de los siglos. Amén.

ORACIÓN FINAL

Bienaventurado General de rancio abolengo nace, con votos de pobreza nunca pierde la clase. Fina estampa es tu figura y mantiene la compostura, el sufrimiento no te hizo claudicar aguantando sin premura. En mi corazón la alegría renace, por los milagros que tu método espiritual hace, inclino mi rostro ante hombre de gran estatura. Derrama tu magia bondadosa y sea para mi mal la cura. Tu enseñanza para vivir bien es la base, con ella el sufrimiento sin tocarme pase. A ti brindo esta novena y te doy mi corazón con dulzura.

Padre Nuestro, que estás en el cielo, santificado sea tu nombre; venga a nosotros tu reino; hágase tu voluntad, en la tierra como en el cielo. Danos hoy nuestro pan de cada día; perdona nuestras ofensas,

como también nosotros perdonamos a los que nos ofenden; no nos dejes caer en la tentación, y líbranos del mal. Amén.

Dios te salve, María, llena eres de gracia, el Señor es contigo. Bendita tú eres entre todas las mujeres, y bendito es el fruto de tu vientre: Jesús. Santa María, Madre de Dios, ruega por nosotros, pecadores, ahora y en la hora de nuestra muerte. Amén.

Gloria al Padre, al Hijo y al Espíritu Santo. Como era en el principio, ahora y siempre, por los siglos de los siglos. Amén.

Papá Dios: que tu sabiduría nos guíe; que tu luz ilumine nuestro camino; que tu amor nos de paz; que tu poder nos proteja, y que por donde quiera que caminemos, tu presencia nos acompañe. Gracias Papá Dios que ya nos oíste. Amén.